Reichsgesetz

betreffend die

Unterstützung von Familien

der zu

Friedensübungen einberufenen Mannschaften

vom 10. Mai 1892

nebst der

Bundesraths-Instruktion vom 2. Juni 1892.

Textausgabe

mit Anmerkungen aus den preußischen Ausführungs-Vorschriften und einer Tabelle über die zu zahlenden Unterstützungsbeträge.

Herausgegeben von

G. Bierhals,

landräthlicher Sekretär zu Genthin.

Zweite veränderte und vermehrte Auflage

Berlin 1893.

J. J. Heines Verlag.

Preis 75 Pfennige.

Reichsgesetz

betreffend die

Unterstützung von Familien

der zu

Friedensübungen einberufenen Mannschaften

vom 10. Mai 1892

nebst der

Bundesraths-Instruktion vom 2. Juni 1892.

Textausgabe

mit Anmerkungen aus den preußischen Ausführungs-Vorschriften und einer Tabelle über die zu zahlenden Unterstützungsbeträge.

Herausgegeben von

G. Bierhals,

landräthlicher Sekretär zu Genthin.

Zweite veränderte und vermehrte Auflage

Berlin 1893.

J. J. Heines Verlag.

Vorwort zur zweiten Auflage.

Bei Bearbeitung der vorliegenden Auflage meiner Textausgabe des Gesetzes über die Unterstützung von Familien der zu Friedensübungen einberufenen Mannschaften vom 10. Mai 1892 bin ich bestrebt gewesen, die anerkannte practische Brauchbarkeit des Werkchens noch mehr zu erhöhen. Die Auflage erscheint in wesentlich veränderter Form. Zunächst sind die durch Aufnahme neuerdings erlassener Bestimmungen bereicherten Anmerkungen nicht wie bei der ersten Auflage den Paragraphen des Gesetzes, sondern denjenigen der wörtlich neu aufgenommenen Bundesraths-Instruction vom 2. Juni 1892 angefügt worden, sodann ist ein Formular D und die Beilage C zum Kriegsleistungsgesetz neu hinzugetreten, auch hat die Tabelle über die nach dem Gesetze zu zahlenden Unterstützungsbeträge eine bedeutende Erweiterung erfahren. Ich hoffe, daß der Commentar als ein unentbehrliches Handbüchlein bei den verehrl. Behörden und Beamten dadurch immer mehr Eingang finden wird.

Genthin, im Januar 1893.

Vierhals.

Gesetz,

betreffend die Unterstützung von Familien der zu Friedensübungen einberufenen Mannschaften.

Vom 10. Mai 1892.

(Reichs-Gesetz-Blatt de 1892, Seite 661.)

Wir Wilhelm, von Gottes Gnaden Deutscher Kaiser, König von Preußen rc., verordnen im Namen des Reichs, nach erfolgter Zustimmung des Bundesraths und des Reichstags, was folgt:

§ 1.

Die Familien der aus der Reserve, Landwehr oder Seewehr zu Friedensübungen einberufenen Mannschaften erhalten auf Verlangen aus öffentlichen Mitteln Unterstützungen. Das Gleiche gilt bezüglich der Familien der aus der Ersatz-Reserve für die zweite oder dritte Uebung einberufenen Mannschaften.

Vorstehendes findet nicht Anwendung, wenn der Uebungspflichtige zu denjenigen Reichs-, Staats- oder Kommunalbeamten, welchen zufolge § 66 Absatz 2 des Reichs-Militär-Gesetzes vom 2. Mai 1874 (Reichs-Gesetz-Blatt Seite 45) in der Zeit der Einberufung zum Militärdienste ihr persönliches Diensteinkommen gewahrt ist, gehört.

Der Anspruch auf Unterstützung ist bei der Gemeindebehörde desjenigen Ortes anzubringen, an welchem der Unterstützungsberechtigte zur Zeit des Beginns des Unterstützungsanspruchs seinen gewöhnlichen Aufenthaltsort hat, und erlischt, wenn solches nicht binnen vier Wochen nach Beendigung der Uebung geschieht.

Die Gewährung der Unterstützungen richtet sich, soweit nachfolgend nicht Besonderes bestimmt ist, nach den Vorschriften des Gesetzes, betreffend die Unterstützung von Familien in den Dienst eingetretener Mannschaften, vom 28. Februar 1888*) (Reichs-Gesetz-Blatt Seite 59).

§ 2.

Die täglichen Unterstützungen sollen betragen:

a) für die Ehefrau dreißig Procent des ortsüblichen Tagelohnes für erwachsene männliche Arbeiter am Aufenthaltsorte des Einberufenen,

b) für jede der sonst unterstützungsberechtigten Personen zehn Prozent des ortsüblichen Tagelohnes für erwachsene männliche Arbeiter am Aufenthaltsorte des Einberufenen,

mit der Maßgabe, daß der Gesammtbetrag der Unterstützung sechszig Procent des Betrages des ortsüblichen Tagelohnes nicht übersteigt.

§ 3.

Die gezahlten Unterstützungen werden aus Reichsmitteln erstattet. Die Erstattung hat vor Ablauf des Etatsjahres zu erfolgen, in welchem die Zahlung stattgefunden hat.

§ 4.

Die nach Maßgabe dieses Gesetzes gewährten Unterstützungen können nicht verpfändet, noch an Dritte abgetreten werden, unterliegen auch keiner Art von Zwangsvollstreckung.

§ 5.

Dieses Gesetz tritt mit dem 1. Juli 1892 in Kraft.

§ 6.

Unterstützungen nach Maßgabe dieses Gesetzes werden auch rücksichtlich solcher Friedensübungen gewährt, welche ganz oder theilweise in der Zeit vom 1. April 1892 bis zum 1. Juli 1892 stattgefunden haben.

Ist die Friedensübung vor dem Inkrafttreten des Gesetzes beendigt, so beginnt die vierwöchige Frist für die Anbringung des Unterstützungsanspruchs mit dem 1. Juli 1892.

Urkundlich unter Unserer Höchsteigenhändigen Unterschrift und beigedrucktem Kaiserlichen Insiegel.

Gegeben Spandau, den 10. Mai 1892.

(L. S.) **Wilhelm.**

von Bötticher.

*) Vergleiche Anhang Seite 21.

Bekanntmachung,

betreffend die Ausführungsvorschriften zu dem Gesetze vom 10. Mai 1892 (Reichs-Gesetz-Blatt S. 661) über die Unterstützung von Familien der zu Friedensübungen einberufenen Mannschaften.

Vom 2. Juni 1892.

(Reichs-Gesetz-Blatt de 1892, Seite 668.)

Der Bundesrath hat in der Sitzung vom 2. Juni 1892 auf Grund von Artikel 7 der Reichsverfassung die nachstehenden

Ausführungsvorschriften zu dem Gesetze vom 10. Mai 1892 (Reichs-Gesetz-Blatt Seite 661), betreffend die Unterstützung von Familien der zu Friedensübungen einberufenen Mannschaften,

beschlossen:

§ 1.

Der Anspruch auf Unterstützung ist von dem Einberufenen oder von derjenigen Person, welcher in seiner Abwesenheit die Fürsorge für die Familie obliegt, anzumelden. Auch kann die Anmeldung durch den Unterstützungsberechtigten erfolgen. Bei der Anmeldung sind die Unterstützungsberechtigten nach ihrem Namen und nach ihrer Familienstellung zu dem Einberufenen, Kinder des Einberufenen auch nach ihrem Lebensalter zu bezeichnen. Die Gemeindebehörde prüft den Anspruch, füllt für jede einzelne Familie in einer Liste nach dem anliegenden Muster A — cfr. Seite 15 — die Ueberschrift, sowie die Spalten 1, 2 und 3 aus, und übersendet die Liste mit der Bescheinigung der Richtigkeit an den zuständigen Lieferungsverband. In der Bescheinigung ist der Zeitpunkt der Anmeldung des Unterstützungsanspruchs zu vermerken. Muster A.

Wird für Kinder über fünfzehn Jahre, Verwandte in aufsteigender Linie oder Geschwister des Einberufenen Unterstützung beantragt, so bedarf es der Bescheinigung, daß diese Personen von dem Einberufenen unterhalten werden, oder daß das Unterhaltungsbedürfniß erst nach erfolgtem Diensteintritt desselben hervorgetreten ist. Wird für Verwandte der Ehefrau in aufsteigender Linie oder für ihre Kinder aus früherer Ehe Unterstützung beantragt, so hat die Gemeindebehörde deren Familienstellung, Namen und Aufenthaltsort ebenfalls in die Liste Spalte 1, 2 und 3 einzutragen und in der Bescheinigung des vorerwähnten Inhalts außerdem die Umstände kurz darzulegen, welche die Gewährung einer Unterstützung angezeigt erscheinen lassen.

Anmerkung zu § 1.

Unterstützungsberechtigt ist nicht der zur Uebung Einberufene, sondern dessen Familie. Der Anspruch auf Unterstützung ist bei der Gemeindebehörde (Magistrat, Gemeinde- [Guts-] Vorstand) desjenigen Ortes anzubringen, an welchem die unterstützungsberechtigte Familie zur Zeit des Beginns des Unterstützungs-Anspruchs ihren gewöhnlichen Aufenthaltsort hat. Nach dem Aufenthaltsorte der Familie bestimmt sich daher die Zuständigkeit der zur Entgegennahme der Anmeldung des Unterstützungsanspruchs berufenen Gemeindebehörde und somit auch die Zuständigkeit des Lieferungsverbandes, dessen Commission die Unterstützungen zur Zahlung anzuweisen hat.

Indessen ist auch der Aufenthaltsort des Einberufenen selbst von Bedeutung, insofern, als der dort ortsübliche Tagelohn die Grundlage für die Bemessung der den Familien-Angehörigen zu gewährenden Unterstützungsbeträge bildet. In der weitaus überwiegenden Zahl der Fälle wird die Familie den Aufenthaltsort des Einberufenen theilen, und hat die Gemeindebehörde, welche die Anmeldung des Anspruchs entgegennimmt, lediglich den für den eigenen Ort maßgebenden Tagelohnsatz anzunehmen. Weniger leicht wird ihre Aufgabe, wenn der (vielleicht zur Kategorie der sogenannten Sachsengänger gehörige) Einberufene außerhalb des Aufenthaltsorts seiner Familie sich befindet. Die Gemeindebehörde wird alsdann in der je nach Lage der Verhältnisse zunächst gegebenen Weise sich zuverlässige Kenntniß von dem am Aufenthaltsorte des Einberufenen geltenden Tagelohnsatze zu verschaffen haben*). Eventl. kann die Feststellung im Wege schriftlicher Anfrage bei der Behörde des Aufenthaltsortes des Einberufenen erfolgen. Sollte dies zu zeitraubend oder aus anderen Gründen nicht rathsam erscheinen, so wird die Feststellung des ortsüblichen Tagelohnsatzes dem Lieferungsverbande überlassen werden müssen.

Wenn der Einberufene und seine Familie im Auslande wohnen, so wird der Ort, an welchem der Einberufene in militärischer Controle steht (§ 34 Ziffer 6 der Heerordnung) als sein und seiner Familie gewöhnlicher Aufenthaltsort angesehen. Demgemäß ist der Anspruch auf Unterstützung

---

*) In dieser Beziehung bieten Zusammenstellungen der ortsüblichen Tagelohnsätze, wie solche in dem Taschenkalender von Buschmann und Götze (Berlin), enthalten sind, ein geeignetes Orientirungsmittel.

bei der Gemeindebehörde dieses Ortes anzubringen, der ortsübliche Tagelohn dieses Ortes für die Bemessung der Unterstützungsbeträge maßgebend und derjenige Lieferungsverband, zu dessen Bezirk der Controlort gehört, zur Anweisung und Zahlung der Unterstützungsbeträge für zuständig zu erachten.

Wenn nur die Familie im Auslande, der Einberufene aber im Inlande wohnt, so finden die gleichen Grundsätze wie vorher, jedoch mit der Maßgabe Anwendung, daß die Grundlage für die Bemessung der Unterstützungsbeträge der ortsübliche Tagelohn am gewöhnlichen Aufenthaltsorte des Einberufenen bildet.

Wenn die Familie im Inlande, der Einberufene aber im Auslande wohnt, so ist der an dem militärischen Controlorte bestehende ortsübliche Tagelohn für die Bemessung der Unterstützungsbeträge maßgebend.

Hierdurch werden Anfragen an ausländische Behörden nach Thunlichkeit vermieden und voraussichtlich nur für die Ausstellung der nach obigem § 1, Abs. 2 bestimmten Bescheinigungen erforderlich werden, für die Bescheinigungen nach Abs. 1 werden die Vermerke auf dem Militärpaß oder bei den Bezirks-Commandos geführten Ueberweisungs-Nationale in der Regel eine genügende Unterlage bilden. —

Die Gemeindebehörde, welche die Anmeldung des Anspruchs auf Unterstützung entgegennimmt, hat zu prüfen, zu welchem Zeitpunkte und auf welche Dauer Derjenige, für dessen Familie Unterstützung nachgesucht wird, zur Uebung einberufen ist. Zu diesem Zwecke wird in der Regel der Gestellungsbefehl oder der Militärpaß des Einberufenen einzusehen sein. Die Mannschaften des Beurlaubtenstandes werden bei den Controlversammlungen darüber belehrt, daß, wenn derartige Unterstützungsanträge *vor Beginn der Uebung* gestellt werden, *der Gestellungsbefehl*, wenn sie *nach beendigter Uebung* gestellt werden, *der Militärpaß* als Ausweis vorzuzeigen ist.

Die Ausfüllung der Spalten 1, 2 und 3 des nach dem Muster A hergestellten Formulars wird die Gemeindebehörde nach der ihr innewohnenden Kenntniß der Verhältnisse des Einberufenen oder auf Grund besonderer Ermittelungen bewirken können.

Es ist hierbei zu beachten, daß bei *verheiratheten Frauen* der *Geburtsname*, bei *Kindern* des Einberufenen das *Lebensalter* anzugeben ist; letzteres um deswillen, weil das Gesetz nur den Kindern *unter fünfzehn Jahren* einen unbedingten Anspruch auf Unterstützung beilegt. Kinder über fünfzehn Jahre, sowie Verwandte in aufsteigender Linie und Geschwister des Einberufenen sind nur dann berechtigt, wenn sie von demselben vor dem Diensteintritt schon unterhalten wurden, oder wenn ein Unterhaltungsbedürfniß nach erfolgtem Dienstantritt entsteht. Diese Thatsache ist von der Gemeindebehörde in der von ihr unterhalb der Spalten in dem gedachten Formular einzutragenden Bescheinigung ausdrücklich zu vermerken. Wird für *Verwandte der Ehefrau*, insofern das Gesetz dies zuläßt, Unterstützung beantragt, so kann zur Darlegung der Verhältnisse, welche zur Begründung dieses Antrages geltend gemacht sind, die Rückseite des Formulars (A) verwendet werden, falls der für die Bescheinigung auf der Vorderseite vorgesehene Raum dazu nicht ausreicht. Entfernteren Verwandten, geschiedenen Ehefrauen und unehelichen Kindern dürfte ein Unterstützungsanspruch nicht zustehen (siehe § 2, Abs. 3 des Gesetzes vom 28. Februar 1888).

Die einzelnen Unterstützungsgesuche erfordern nach der Natur der Sache eine möglichst beschleunigte Erledigung und darf die Einreichung der mit der Bescheinigung der Richtigkeit versehenen Listen an den Lieferungsverband (Magistrat, Kreis-Ausschuß) nicht verzögert werden. Die Angabe des Zeitpunktes der Anmeldung des Unterstützungsanspruchs in der fr. Bescheinigung ist in Anbetracht des § 1, Abs. 3, Schlußsatz des Gesetzes, von besonderer Wichtigkeit.

§ 2.

Die Unterstützungsbeträge werden nach Maßgabe des ortsüblichen Tagelohns für erwachsene männliche Arbeiter am Aufenthaltsorte des Einberufenen (§ 8 des Krankenversicherungs-Gesetzes) durch den Lieferungsverband festgesetzt und unter Ausfüllung der Spalten 4 bis 9 des Musters A zur Zahlung angewiesen.

Die Zahlung erfolgt:

a) am Tage des Abganges des Einberufenen zur Uebung für die Zeit bis zum Schluß des laufenden Halbmonats,

b) für jeden folgenden in die Uebungszeit fallenden Halbmonat am ersten Tage desselben im Voraus und

c) am ersten Tage des letzten Halbmonats für die Zeit bis zur Beendigung der Uebung, einschließlich der bestimmungsmäßigen Tage für den Rückmarsch.

Wird die Unterstützung erst nach Beginn der Uebung beansprucht, so ist für die abgelaufene Zeit die zuständige Summe zu ihrem vollen Betrage auf einmal zu zahlen.

Anmerkung zu § 2.

Als Lieferungsverbände gelten die Kreise (Stadt- und Landkreise).

Die Organisation und Vertretung der Lieferungsverbände regelt sich nach den Bestimmungen in den §§ 6—9 des Gesetzes, betreffend die Unterstützung von Familien in den Dienst eingetretener Mannschaften, vom 28. Februar 1888 (Reichs-Gesetz-Blatt Seite 59).

Die Geschäfte der dort vorgesehenen Commissionen sind in den Landkreisen von den Kreis-Ausschüssen, in den Stadtkreisen von den Magisträten oder von Commissionen, welche nach den Kommunalverfassungs-Gesetzen zu bilden sind, wahrzunehmen. Von der Befugniß der Einsetzung mehrerer Commissionen innerhalb eines Lieferungsverbandes kann für volkreiche Stadtkreise Gebrauch gemacht werden. In diesen Fällen wird für mehrere Commissionen die Theilung der Geschäfte nicht nur nach räumlicher Abgrenzung, sondern auch nach anderen Gesichtspunkten, etwa nach dem Anfangsbuchstaben im Namen der Einberufenen in Frage kommen können.

Die Thätigkeit der Lieferungsverbände erstreckt sich auch auf die Prüfung der Frage, ob nach den von der Gemeindebehörde gegebenen Unterlagen ein Anspruch auf Unterstützung gesetzlich begründet ist; eine Prüfung der Bedürftigkeit ist nur dann geboten, wenn für Kinder über fünfzehn Jahren, Ascendenten oder Geschwister des Einberufenen, welche nach dessen Eintritt in den Dienst in die Unmöglichkeit, sich selbst zu unterhalten, versetzt werden, oder für Verwandte der Ehefrau Unterstützung nachgesucht wird. Je nach dem Ergebniß der Prüfung werden in der nach den beispielsweisen Eintragungen des Musters A ersichtlichen Art die Unterstützungsbeträge berechnet und zur Zahlung angewiesen.

Mit Rücksicht darauf, daß der Kreis-Ausschuß seine Sitzungen in der Regel nur allmonatlich abhält, können die von den Gemeindebehörden eingereichten Empfangsbescheinigungen von dem Vorsitzenden des Kreis-Ausschusses geprüft, angewiesen und an die Gemeindebehörden zurückgegeben werden.

Da hierbei der ortsübliche Tagelohn zu Grunde zu legen ist, so wird die Prüfung des maßgebenden Lohnsatzes besondere Sorgfalt erfordern. Der Betrag der wirklich pro Tag zu zahlenden Unterstützung ergiebt sich aus der angefügten Tabelle (cfr. Seite 20). Die Lieferung von Brotkorn ꝛc. an Stelle der Geldunterstützung ist im Gesetze — abweichend von dem erwähnten Gesetze vom 28. Februar 1888 — nicht vorgesehen und daher ausgeschlossen. Wenn die Uebung einen kürzeren Zeitraum als einen halben Monat in Anspruch nimmt, so ist im Sinne des Gesetzes nur für die wirkliche Uebungsdauer, einschließlich der Marschtage, Unterstützung zu bewilligen. Tabelle.

Ueber die Stelle, welche die Auszahlung der angewiesenen Unterstützungsbeträge zu bewirken hat, sind nähere Anordnungen nicht getroffen. Es wird dies nach den besonderen Verhältnissen so zu regeln sein, daß die Unterstützungsberechtigten schnell und leicht das ihnen Gebührende in Empfang nehmen können.

Nach § 4 des zu sinngemäßer Anwendung gelangenden Gesetzes vom 28. Februar 1888 ist die Kasse des Lieferungsverbandes zur Gewährung der erforderlichen Vorschüsse verpflichtet.

Was die Landkreise anbetrifft, so werden die Unterstützungen im Allgemeinen durch die Kreis-Kommunal-Kassen den einzelnen Gemeinden gezahlt werden, welche letzteren dann ihrerseits, eventl. vermittelst der Orts-Steuer-Kassen die Beträge den Empfangsberechtigten gegen die vorgeschriebene Empfangsbescheinigung zu übermitteln haben.

Der zahlenden Kasse wird bei Festsetzung der Liquidation gleichzeitig der Betrag der Unterstützung anzugeben sein.

§ 3.

Ist ein Einberufener nach Ablauf der festgesetzten Uebungsdauer in Folge einer während derselben unverschuldet eingetretenen Erkrankung an der Rückkehr verhindert, so ist die Unterstützung bis zu dem Tage der Rückkehr einschließlich zu zahlen.

§ 4.

Gelangen Einberufene nach ihrer Meldung am Gestellungsorte, weil sie überzählig sind oder aus anderen Gründen nicht zur Einstellung, oder werden sie vorzeitig entlassen, so wird die Zahlung der Unterstützung eingestellt.

§ 5.

Die Rückzahlung vorausbezahlter Beträge findet auch dann nicht statt, wenn der zur Uebung Einberufene vor Ablauf des Halbmonats, für welchen die Zahlung geleistet ist, zurückkehrt.

§ 6.

In den Fällen der §§ 3 und 4 werden die Truppenbefehlshaber beziehungsweise die Bezirks-Commandos den Lieferungsverbänden schleunigst Nachricht geben.

§ 7.

Der Empfang der Unterstützungen ist in Spalte 10 des Musters A von derjenigen nach § 1 zur Anmeldung des Anspruchs berechtigten Person zu bescheinigen, an welche die Zahlung erfolgt.

Anmerkung zu § 7.

Bei Auszahlung der Unterstützung ist darauf zu achten, daß die Legitimation des Zahlungs-Empfängers, welcher am zweckmäßigsten unter Hinzufügung des Vornamens zu quittiren hat, geprüft wird, sowie daß die im § 2 bestimmten Zahlungstermine inne gehalten werden.

§ 8.

Die Empfangsbescheinigungen sind den unter III in der Beilage C zur Verordnung, betreffend die Ausführung des Gesetzes vom 13. Juni 1873 über die Kriegsleistungen vom 1. April 1876 (Reichs-Ges.-Blatt Seite 137) näher bezeichneten Behörden einzureichen, welche auf Grund derselben für jede Gemeinde gesondert

Muster B.

eine Berechnung nach dem beiliegenden Muster B — cfr. Seite 16 — aufstellen. Diese Berechnung ist in zweifacher Ausfertigung nebst den als Beläge dienenden Empfangsbescheinigungen und den im § 6 erwähnten Benachrichtigungen der Truppenbefehlshaber u. s. w.

dem betreffenden Bezirks-Commando zur Prüfung zuzufertigen, nach erfolgter Prüfung und Bescheinigung aber an die nach Spalte IV der vorbezeichneten Beilage C zuständige Behörde zur Feststellung einzureichen.

Anmerkung zu § 8.

Die Gemeindebehörden haben die Empfangsbescheinigungen, nachdem über den Empfang der Unterstützungsbeträge durch Namensunterschrift in Spalte 10 quittirt worden ist, den unter III in der Beilage C (cfr. Seite 19) zur Verordnung, betreffend die Ausführung des Gesetzes vom 13. Juni 1873 über die Kriegsleistungen vom 1. April 1876 bezeichneten Behörden einzureichen. Die zweifache Aufstellung der vom Bezirks-Commando zu prüfenden Berechnung durch die vorbezeichneten Behörden (Landräthe, Magisträte ꝛc.) wird am zweckmäßigsten am Schluß der für militärische Uebungen hauptsächlich in Betracht kommenden Zeitperiode, also etwa im October jeden Jahres zu geschehen haben. Beilage C zum Kriegsleistungs-Gesetz.

Da in dem Muster B die gezahlten Unterstützungen unter namentlicher Bezeichnung der Einberufenen für jede einzelne Gemeinde besonders anzugeben sind, so ist außerdem für jeden Lieferungsverband nach dem Muster C (cfr. Seite 17) eine Zusammenstellung in drei Exemplaren anzufertigen, welche die Gesammtbeträge der in den einzelnen Gemeinden des Lieferungsverbandes gezahlten Unterstützungen ersehen läßt. Muster C.

Diese Zusammenstellungen sind sodann mit den Berechnungen und den als Beläge dienenden Empfangsbescheinigungen ꝛc. bis etwa gegen Schluß des November an die nach Spalte IV der vorbezeichneten Beilage C zuständigen Behörden, d. h. die Regierungspräsidenten, einzureichen. Hier werden sie durch einen besonderen Beamten geprüft, welcher letztere im Namen der Behörde unter Angabe seiner amtlichen Stellung bei derselben die erfolgte Prüfung bezw. Richtigkeit zu bescheinigen hat.

Die Prüfung erstreckt sich darauf, ob die Rechnung richtig ist, ob bei Gewährung der Unterstützungen der Kreis der berechtigten Personen nicht überschritten ist, ob der ortsübliche Tagelohn zutreffend angegeben und hiernach der Unterstützungsbetrag richtig berechnet ist, ob die Zeitgrenze für die Gewährung der Unterstützungen innegehalten ist, sowie endlich, ob die Empfangsbescheinigungen ordnungsmäßig ausgestellt sind. In allen Punkten, abgesehen von dem letzten, besteht sonach die Prüfung in einer Revision der Rechnung des Lieferungsverbandes; die Prüfung der Bedürftigkeit fällt hier auch in denjenigen Fällen weg, in welchen sie dem Lieferungsverbande obliegt. Etwaige Anstände werden dem Lieferungsverbande gegenüber in der geeigneten Weise zur Sprache zu bringen sein; erst wenn die Bedenken erledigt sind, darf das zufriedenstellende Ergebniß der Prüfung in der aus Muster B ersichtlichen Weise vermerkt werden.

§ 9.

Die belegten und festgestellten Berechnungen (§ 8) sind in ihrer zweifachen Ausfertigung im Laufe der letzten drei Monate jedes Etatsjahres durch Vermittelung der Centralbehörden der einzelnen Bundesstaaten dem Reichsamt des Innern vorzulegen, welches die Erstattung der Unterstützungen an die bei der Vorlegung der Berechnungen bezeichneten Landeskassen veranlassen wird.

Anmerkung zu § 9.

Muster D. Die gesammelten und geprüften Zusammenstellungen (Muster C) werden sodann seitens der Regierungs-Präsidenten — alphabetisch geordnet — mit einer Nachweisung, letztere in drei Exemplaren, nach dem anliegenden Muster D (cfr. Seite 18) unter Beifügung der belegten und festgestellten Berechnungen bis zum 15. Januar jeden Jahres an die Ministerien des Innern und der Finanzen eingereicht, damit die rechtzeitige Erstattung der vorschußweise gezahlten Unterstützungen aus Reichsfonds herbeigeführt werden kann.

Anmerkung: Die zur Ausführung des Gesetzes erforderlichen Formulare (Muster A und B) werden auf Staatskosten geliefert und nach dem Muster A bei sämmtlichen Gemeindebehörden, nach dem Muster B bei den Magisträten und Landräthen ꝛc. vorräthig gehalten.

Berlin, den 2. Juni 1892.

Der Stellvertreter des Reichskanzlers

von Boetticher.

Muster A.

Gemeinde **Stahnsdorf** (Kreis Teltow).

Empfangs-Bescheinigung über Familien-Unterstützung.

Abt, Franz, Arbeiter.
Aufenthaltsort: Stahnsdorf (Kreis Teltow).
Ortsüblicher Tagelohn daselbst: 2 Mark.

Einberufen durch das Bezirkskommando zu Steglitz zur Uebung als: (Wehrmann, Unteroffizier der Landwehr, Reservist, Ersatzreservist für die zweite oder dritte Uebung) vom 20. 7. 92 bis 18. 8. 92, also auf 30 Tage (einschließlich 2 Marschtage).

Bezeichnung der unterstützungsberechtigten Angehörigen nach: Familienstellung.	Namen.	Aufenthaltsort.	Die Unterstützung beträgt: in Prozenten des oben bezeichneten Tagelohns.	insgesammt Prozente des oben bezeichneten Tagelohns bis höchstens 60 Prozent.	für den Tag ℳ	für den Tag ₰	Es sind zu zahlen: für die Zeit vom	bis	auf Tage.	Betrag. ℳ	Betrag. ₰	Empfangsbescheinigung durch Namensunterschrift.
1	2	3	4	5	6		7		8	9		10
Ehefrau	Anna geb. Müller.	Stahnsdorf	30									
Kinder	Franz, geb. am 15. Dezember 1875,	„	10									
	Anna, geb. am 3. Juni 1879.	„	10									
Mutter	Johanna Abt geb. Schulz.	„	10									
Schwester	Louise Abt.	„	10									
			70	60	1	20	20. 7. 92	31. 7. 92	12	14	40	
							1. 8. 92	15. 8. 92	15	18	00	
							16. 8. 92	18. 8. 92	3	3	60	
								Summe . . .	30	36	00	

Die Richtigkeit der in Spalte 1, 2 und 3 enthaltenen Angaben wird mit dem Bemerken bescheinigt, daß der Anspruch auf Unterstützung am 18. Juli 1892 angemeldet worden ist. Der über 15 Jahre alte Sohn Franz Abt, so wie die Mutter Johanna Abt und die Schwester Louise Abt werden von dem Arbeiter Franz Abt unterhalten.

Stahnsdorf, den 24. Juli 1892. Der Gemeindevorstand. N. N.

Obige Beträge werden zur Zahlung nach Maßgabe des § 2 Absatz 2 der Ausführungsvorschriften vom 2. Juni 1892 angewiesen.

Berlin, den 29. Juli 1892. Der Lieferungsverband des Kreises Teltow. N. N.

Stadt: ....

Gemeinde: ....

Verwaltungsbezirk: ....

Muster B.

Berechnung

über gezahlte Familien-Unterstützungen, welche auf Grund des Gesetzes vom 10. Mai 1892 (Reichs-Gesetzbl. S. 661) aus Reichsfonds zu erstatten sind, für das Etatsjahr 18../...

Laufende Nummer	Nummer der Beläge.	Namen der Einberufenen.	Charge.	Civilstellung.	Dauer der Abwesenheit zur Uebung einschließlich der Marschtage			Betrag der gesetzlich zahlbaren Unterstützung				Bemerkungen.
					vom	bis	Tage	für den Tag ℳ	für den Tag ₰	für die Uebungsdauer ℳ	für die Uebungsdauer ₰	
1	2	3	4	5	6			7		8		9
1	1	Abt, Franz	Wehrmann	Arbeiter	20. 7. 92	18. 8. 92	30	1	20	36	—	
								Summe				

Daß die unterstützungsberechtigten Angehörigen der obenbezeichneten Personen während der Dauer der von letzteren abgeleisteten Friedensübungen auf Verlangen die angegebenen Unterstützungsbeträge erhalten haben, bescheinigt
(Ort und Datum.)
Unterschrift der Behörde, welche die Berechnung aufgestellt hat. (§ 8 der Bundesraths-Instr.)

Die Richtigkeit der Angaben in Spalte 6 wird mit dem Bemerken bescheinigt, daß unter den aufgeführten Ersatz-Reservisten nur solche sich befinden, welche zur zweiten oder dritten Uebung einberufen waren.
(Ort und Datum.)

Bezirks-Kommando.
(Unterschrift.)

Geprüft und festgestellt.
N. N.
(Amtscharakter.)

Muster C.

Lieferungsverband (Kreis) ....

Zusammenstellung *)

der in den einzelnen Gemeinden des Lieferungsverbandes (Kreises) .... gezahlten Familien-Unterstützungen, welche auf Grund des Gesetzes vom 10. Mai 1892 (R.-G.-Bl. S. 661) aus Reichsfonds zu erstatten sind, für das Etatsjahr 18................

Laufende Nr.	Name der Gemeinde.	Gesammtbetrag der auf Grund des Gesetzes gezahlten Familien-Unterstützungen.	Bemerkungen.
1	2	3	4
		Mark	
1	Altenberg	150	
2	Bleßdorf	200	
3	Camerode	250	
		600	

*) Anmerkung: Die Gemeinden sind in alphabetischer Reihenfolge aufzuführen.

Muster D.

Regierungsbezirk ....

Nachweisung*)

der in den einzelnen Lieferungsverbänden (Land- und Stadtkreisen) des Regierungsbezirks .... gezahlten Familien-Unterstützungen, welche auf Grund des Gesetzes vom 10. Mai 1892 (R.-G.-Bl. S. 661) aus Reichsfonds zu erstatten sind, für das Etatsjahr 18..............

Laufende Nr.	Name des Lieferungsverbandes (Land- oder Stadtkreis).	Gesammtbetrag der auf Grund des Gesetzes gezahlten Familien-Unterstützung.	Bemerkungen.
1	2	3	4
		Mark	
1	Landkreis A	500	
2	Stadtkreis B	400	
3	Landkreis C	600	
		1500	

Anmerkung: Die Lieferungsverbände (Land- und Stadtkreise) sind in alphabetischer Reihenfolge aufzuführen.

Beilage C
zum Kriegsleistungsgesetz.

Verzeichniß

der in den einzelnen Bundesstaaten hinsichtlich der Kriegsleistungen der Gemeinden zuständigen Behörden für die Entgegennahme der Anmeldung von Vergütungsansprüchen und die Feststellung der zu gewährenden Vergütungen ꝛc.

I Laufende Nr.	II Bundesstaat:	III Die Anmeldung der Ansprüche und die zu deren Begründung beizubringenden Beweisstücke haben entgegenzunehmen:	IV Die Prüfung und Feststellung der Ansprüche erfolgt durch:
1	Preußen	In den Provinzen Preußen, Pommern, Brandenburg, Schlesien, Posen und Sachsen die Magisträte in den Städten, die Landräthe auf dem platten Lande. In der Provinz Schleswig-Holstein die Bürgermeister in den Städten, die Hardes- und Kirchspielvögte auf dem platten Lande.*) In der Provinz Hannover die Magisträte in den selbstständigen Städten, die Amtshauptmänner in den Amtsbezirken.*) In der Provinz Hessen-Nassau die Amtmänner im Regierungsbezirk Wiesbaden*), die Landräthe im Regierungsbezirk Cassel. In der Provinz Westfalen die Bürgermeister in den Städten, die Amtmänner auf dem platten Lande. In der Rheinprovinz die Bürgermeister. In den Hohenzollernschen Landen die Ortsbehörden.	Die Regierungen.**)

Anmerkungen:

*) In der Provinz Schleswig-Holstein kommen an Stelle der Hardes- und Kirchspielvögte die Landräthe in Betracht, desgleichen in der Provinz Hannover an Stelle der Amtshauptmänner, sowie im Regierungsbezirke Wiesbaden an Stelle der Amtmänner.

**) An Stelle der Regierungen sind jetzt die „Regierungs-Präsidenten" getreten.

Tabelle zu § 2 der Bundesraths-Instruction
über
pro Tag zu zahlende Unterstützungsbeträge.

1 Betrag des ortsüblichen Tagelohnes für erwachsene männliche Arbeiter am Aufenthaltsorte des Einberufenen. ℳ	₰	2 Betrag der täglichen Unterstützung für die Ehefrau nach 30 % des Tagelohnes Spalte 1. ℳ	₰	3 Betrag der täglichen Unterstützung für eine unterstützungsberechtigte Person nach 10 % des Tagelohnes Spalte 1. ℳ	₰	Bemerkungen.
1	.	.	30	.	10	Der Gesammtbetrag der Unterstützung darf 60% des Betrages des ortsüblichen Tagelohnes nicht übersteigen. (§ 2 Schlußsatz des Gesetzes.) Beispiel: Eine Ehefrau hat zu empfangen: a. nach Spalte 2 für sich von 1 Mk. 50 Pfg. . 30% = 45 Pfg. b. nach Spalte 3 für 3 Kinder (je 10%) von 1 Mk. 50 Pfg. . . . . . . 30% = 45 „ zusammen: 60% = 90 Pfg.
1	10	.	33	.	11	
1	20	.	36	.	12	
1	25	.	37½	.	12½	
1	30	.	39	.	13	
1	35	.	40½	.	13½	
1	40	.	42	.	14	
1	45	.	43½	.	14½	
1	50	.	45	.	15	
1	55	.	46½	.	15½	
1	60	.	48	.	16	
1	65	.	49½	.	16½	
1	70	.	51	.	17	
1	75	.	52½	.	17½	
1	80	.	54	.	18	
1	85	.	55½	.	18½	
1	90	.	57	.	19	
1	95	.	58½	.	19½	
2	.	.	60	.	20	
2	10	.	63	.	21	
2	20	.	66	.	22	
2	25	.	67½	.	22½	
2	30	.	69	.	23	
2	40	.	72	.	24	
2	50	.	75	.	25	
2	75	.	82½	.	27½	
3	.	.	90	.	30	

Anhang.

Gesetz,

betreffend die Unterstützung von Familien in den Dienst eingetretener Mannschaften.

Vom 28. Februar 1888.

(Reichs-Gesetzblatt vom Jahre 1888, Seite 59.)

Wir Wilhelm, von Gottes Gnaden Deutscher Kaiser, König von Preußen ꝛc.

verordnen im Namen des Reichs, nach erfolgter Zustimmung des Bundesraths und des Reichstags, was folgt:

§ 1.

Die Familien der Mannschaften der Reserve, Landwehr, Ersatzreserve, Seewehr und des Landsturms erhalten, sobald diese Mannschaften bei Mobilmachungen oder nothwendigen Verstärkungen des Heeres oder der Flotte in den Dienst eintreten, im Falle der Bedürftigkeit Unterstützungen nach näherer Bestimmung dieses Gesetzes. Das Gleiche gilt bezüglich der Familien derjenigen Mannschaften, welche zur Disposition der Truppen-(Marine-) Theile beurlaubt sind, so wie derjenigen Mannschaften, welche das wehrpflichtige Alter überschritten haben und freiwillig in den Dienst eintreten.

§ 2.

Auf die nach § 1 zu gewährenden Unterstützungen haben Anspruch:

a) die Ehefrau des Eingetretenen und dessen eheliche und den ehelichen gesetzlich gleichstehende Kinder unter 15 Jahren, sowie

b) dessen Kinder über 15 Jahre, Verwandte in aufsteigender Linie und Geschwister, insofern sie von ihm unterhalten wurden oder das Unterhaltungsbedürfniß erst nach erfolgtem Diensteintritt desselben hervorgetreten ist.

Unter den sub b bezeichneten Voraussetzungen kann den Verwandten der Ehefrau in aufsteigender Linie und ihren Kindern aus früherer Ehe eine Unterstützung gewährt werden.

Entfernteren Verwandten, geschiedenen Ehefrauen und unehelichen Kindern steht ein solcher Unterstützungsanspruch nicht zu.

§ 3.

Die Verpflichtung zur Unterstützung liegt den nach § 17 des Gesetzes über die Kriegsleistungen vom 13. Juni 1873 (Reichs-Gesetzblatt Seite 129) gebildeten Lieferungsverbänden ob.

Staaten, in welchen von der Bildung besonderer Lieferungsverbände Abstand genommen worden ist, haben die Unterstützungen unter gleichmäßiger Anwendung der nachfolgenden Bestimmungen aus ihren Mitteln zu gewähren.

§ 4.

Zur Unterstützung ist derjenige Lieferungsverband verpflichtet, innerhalb dessen der Unterstützungsbedürftige zur Zeit des Beginns des Unterstützungsanspruchs (§§ 1, 10 Absatz 3) seinen gewöhnlichen Aufenthalt hat.

§ 5.

Die Unterstützungen sollen mindestens betragen:

a) für die Ehefrau im Mai, Juni, Juli, August, September, Oktober monatlich sechs Mark, in den übrigen Monaten neun Mark;

b) für jedes Kind unter 15 Jahren, sowie für jede der in § 2 unter b bezeichneten Personen monatlich vier Mark.

Die Geldunterstützung kann theilweise durch Lieferung von Brotkorn, Kartoffeln, Brennmaterial 2c. ersetzt werden.

Unterstützungen von Privatvereinen und Privatpersonen dürfen auf die vorbezeichneten Mindestbeträge nicht angerechnet werden.

§ 6.

In jedem Lieferungsverbande entscheidet endgiltig eine Kommission sowohl über die Unterstützungsbedürftigkeit der einzelnen Familien, als auch unter Beachtung der Vorschriften des § 5 über den Umfang und die Art der Unterstützungen. Es können mehrere Kommissionen für einen Lieferungsverband eingesetzt werden.

Die Kommission ist berechtigt, Auskunft über die Verhältnisse der einzelnen Familien von den Gemeindebehörden zu erfordern, auch die letzteren zu ihren Verhandlungen zuzuziehen.

§ 7.

Hat der Lieferungsverband gesetzlich anerkannte korporative Vertretung, so sind rücksichtlich der Bildung, Zusammensetzung, des Vorsitzes und der Wahrnehmung der Geschäfte auch dieser Kommission die bestehenden gesetzlichen Bestimmungen maßgebend. Ist der hiernach eintretende Vorsitzende nicht von der Landesregierung berufen oder bestätigt, so ist dieselbe befugt, den Vorsitzenden mit Stimmrecht zu ernennen. Wo eine solche Vertretung nicht vorhanden ist, besteht die Kommission aus einem von der Landesregierung zu bestellenden Vorsitzenden und einer von ihr zu berufenden, den Verhältnissen angemessenen Anzahl von Mitgliedern.

Einer jeden Kommission wird, soweit die Verhältnisse es gestatten, ein von dem Landwehr-Bezirkskommando zu bestimmender Offizier beigeordnet.

§ 8.

Die Kommission kann nur beschließen, wenn mehr als die Hälfte ihrer Mitglieder zugegen ist. Die Beschlüsse werden nach Stimmenmehrheit gefaßt. Bei Stimmengleichheit entscheidet die Stimme des Vorsitzenden. Der beigeordnete Offizier (§ 7), sowie die zugezogene Gemeindebehörde (§ 6) nehmen an der Abstimmung nicht Theil.

§ 9.

Ist die Verfassung des Lieferungsverbandes nicht ausreichend um die Beschaffung der zur Gewährung der Unterstützungen erforderlichen Mittel sicherzustellen, so ist die Landesregierung befugt, die nöthigen Anordnungen für den Verband zu treffen und den Verbandsangehörigen zur Beschaffung jener Mittel Abgaben aufzulegen.

§ 10.

Die bewilligten Unterstützungsbeträge sind in halbmonatlichen Raten vorauszuzahlen.

Rückzahlungen der vorausbezahlten Beträge finden auch dann nicht statt, wenn der in den Dienst Eingetretene vor Ablauf der halbmonatlichen Periode zurückkehrt.

Für Beginn und Fortdauer der Unterstützungen kommt auch der für Hin- und Rückmarsch zum beziehungsweise vom Truppentheil erforderliche Zeitraum in Berechnung.

Die Unterstützungen werden dadurch nicht unterbrochen, daß der in den Dienst Eingetretene als krank oder verwundet zeitweilig in die Heimath beurlaubt wird.

Wenn der in den Dienst Eingetretene vor seiner Rückkehr verstirbt oder vermißt wird, so werden die Unterstützungen so lange gewährt, bis die Formation, welcher er angehörte, auf den Friedensfuß zurückgeführt oder aufgelöst wird. Insoweit jedoch den Hinterbliebenen auf Grund des Gesetzes vom 27. Juni 1871*) (Reichs-Gesetzblatt Seite 275) Bewilligungen gewährt werden, fallen die durch gegenwärtiges Gesetz geregelten Unterstützungen fort.

§ 11.

Falls Personen, deren Familien nach den Vorschriften dieses Gesetzes Unterstützungen erhalten, nach ihrem Eintritt in den Dienst

a) der Fahnenflucht sich schuldig machen, oder
b) durch gerichtliches Erkenntniß zu Gefängnißstrafe von längerer als sechsmonatlicher Dauer oder zu einer härteren Strafe verurtheilt werden,

so wird die bewilligte Unterstützung bis zum Wiedereintritt in den Dienst eingestellt.

Die Truppenbefehlshaber haben in diesen Fällen den betheiligten Kommissionen schleunigst Nachricht zu geben.

§ 12

Für die nach vorstehenden Bestimmungen geleisteten Unterstützungen wird zu den in § 5 festgesetzten Mindestbeträgen Entschädigung aus Reichsfonds gewährt. Der Zeitpunkt der Zahlung dieser Entschädigung wird durch jedesmaliges Spezialgesetz des Reichs bestimmt.

Urkundlich unter Unserer Höchsteigenhändigen Unterschrift und beigedrucktem Kaiserlichen Insiegel.

Gegeben Berlin, den 28. Februar 1888.

(L. S.) **Wilhelm,**

von Boetticher.

---

*) Betreffend die Pensionirung und Versorgung der Militärpersonen des Reichsheeres und der Kaiserlichen Marine, sowie die Bewilligungen für die Hinterbliebenen solcher Personen.

Lippert & Co. (G. Pätz'sche Buchdruckerei), Naumburg a/S.

Lippert & Co. (G. Pätz'sche Buchdr.), Naumburg a/S.

FSC
www.fsc.org
MIX
Papier | Fördert
gute Waldnutzung
FSC® C083411

Kolibri 360 GmbH
Ferdinand-Jühlke-Straße 7
99095 Erfurt, Deutschland
produktsicherheit@kolibri360.de